Erwin Neydharth • Martin Neubauer

SCHOTTLAND

Weishaupt Verlag

ISBN 3-7059-0043-9
1. Auflage 1996
© Copyright by Herbert Weishaupt Verlag, A-8342 Gnas,
Tel: 03151–8487, Fax: 03151–2024.
Sämtliche Rechte der Verbreitung – in jeglicher Form und Technik – sind vorbehalten.
Druck: M. Theiss, A-9400 Wolfsberg.
Printed in Austria.

Was ist Schottland? Das Lexikon verrät es uns: die nördlichste Region der Britischen Inseln, etwas kleiner als Österreich, ungefähr so viele Einwohner wie St. Petersburg, an die 800 Inseln (davon rund ein Sechstel bewohnt), 11.000 Kilometer Küstenlinie; Southern Uplands, Central Lowlands, Highlands; ozeanisches Klima mit milden Wintern und kühlen Sommern; Industrie, Öl, Elektronik, Fischfang und Viehzucht. Und dann natürlich: Kilts und Tartans, die Distel und das Shetland-Pony, Mary Stuart und Sir Walter Scott, Dudelsack und Whisky, die Highland Games und Celtic Glasgow, „Rob Roy" und „Braveheart". So kennen wir es. Oder glauben es zu kennen.

Was sind die Schotten? Sind sie herb, abweisend, verschlossen? Sind sie tatsächlich der Inbegriff des Geizes, so wie Onkel Dagobert, reichster Mann der Welt, legendärer Knicker und – natürlich – mit schottischem Blut in seinen Entenadern? Oder sind sie in Wahrheit weltoffen und großzügig? „Kein Volk der Erde ist gastfreundlicher", heißt es in „Brewers Dictionary of Phrase & Fable" aus dem Jahr 1894. Auf jeden Fall hat sie ihre Lage an der kalten Peripherie Europas nicht daran gehindert, recht massiv in die Geschichte der Zivilisation einzugreifen: der Fahrradreifen und die selbstklebende Briefmarke, die Farbfotografie, das Telefon und das Fernsehen, das Chloroform und das Penicillin – alles Produkte schottischen Erfindergeists. Und wer noch immer Zweifel an der schottischen Kreativität hat, möge die Berichte über das Ungeheuer von Loch Ness Revue passieren lassen: Nie in der Geschichte der Menschheit ist es einem Volk gelungen, etwas, das man noch nie nachweislich gesehen hat – ein wortwörtliches Nichts also –, zu einer Sensation von Weltrang aufzublasen.

Schottland und die Schotten: das ist eine eigentümliche Mischung von Mythen und Legenden, von Vorurteilen und Halbwahrheiten, die über jedes Volk unseres Erdballs in irgendeiner Form verbreitet sind. In keiner Region dürften sie aber so kultiviert werden wie hier – in Schottland führen Dichtung und Wahrheit eine harmonische Koexistenz. Die Schotten tun auch recht wenig, um diese verzerrten Bilder zu korrigieren. Wie sollten sie auch – so sieht sie eben mal die Welt, und so sieht sie die Welt auch gern. Wer rührt schon gern an liebgewonnenen Heiligtümern? Da macht es nichts, daß der Tartan – der bunte Umhang der Bergschotten – in seiner Eigenschaft als Kennzeichen der Highlandclans erst voriges Jahrhundert erfunden und in Form gefälschter Zuschreibungen unter die Leute gebracht wurde, zu einer Zeit, in der es modern wurde, sich für Schottland zu interessieren. Natürlich ist die schottische Tradition nicht ausschließlich ein Produkt von Angebot und Nachfrage, aber vieles, was als Klischee kursiert, verdient eine eingehendere Betrachtung. Denn nur so kann man sich der Beantwortung der Frage asymptotisch nähern – was Schottland und die Schotten denn nun tatsächlich seien.

„Wait a moment, Gentlemen, you didn't see the blood yet." Der Reiseführer, der die deutschen Touristen durch Holyroodhouse geleitete, war sehr beflissen. In der Tat: War es nicht heilige Pflicht eines jeden Gastes, den Blutfleck zu bewundern, der Zeugnis ablegt von der Ermordung Rizzios, dem Geliebten der Mary Stuart? Allerdings zeigten sich die Besucher wenig hingerissen: „Die roten Flecke, die Lady Macbeth sieht, wo sie nicht sind, werden ewig ihr Grauen für uns behalten; aber es ist vorbei damit, wenn man uns das Blut tischbreit auf die Diele malt. Auch die Vorstellung kann nicht retten, daß es vielleicht das echte sei." Es scheint, als ob die Sage etwas von ihrem Reiz verlöre, steht man ihren konkreten Spuren gegenüber – ein Gefühl, das den Schottlandfahrer Theodor Fontane nicht nur bei seinem Besuch in Edinburgh befiel. Linlithgow Palace, dem Geburtsort der Mary Stuart, konnte er beispielsweise nicht mehr abgewinnen als 'einem grau gewordenen Landarmenhaus'.

Es scheint, daß die Touristen heutzutage von gegenteiligen Empfindungen beseelt sind: Wie wäre es sonst zu erklären, daß sie in hellen Scharen zu jenen Stätten strömen, die den Mythos schottischer Vergangenheit aufbewahren? Wohl kaum handelt es sich dabei um einen dunklen Trieb, sich desillusionieren zu lassen; eher schon, um das einmal in natura nachzuerleben, was man sich in Reiseführern und Biographien zu Hause über die Geschichte angelesen hat. Und das ist wild bewegt, denn der Weg dieses Landes durch die Jahrhunderte strotzt nur so von Blut und Intrige, Kampf und Leidenschaft.

Das, was die Einwohner Schottlands im Laufe ihrer Geschichte mitmachen mußten, war zu einem nicht geringen Teil von grausamen Auseinandersetzungen diktiert: Kampf gegen die Römer, gegen die Wikinger, gegen die Engländer, nicht zu vergessen der Kampf Schotten gegen Schotten. Bereits in der Antike hatte es sich herumgesprochen, daß mit den Stämmen Kaledoniens nicht gut Kirschen essen sei. Da sich die eisenzeitlichen Stämme ihre Körper tätowierten, um damit im Kampfgetümmel ihre Feinde zu erschrecken, wurden sie von den Römern als „Bemalte" – als „Pikten" – bezeichnet. Cassius Dio berichtet Ende des zweiten nachchristlichen Jahrhunderts über merkwürdige Dinge aus der Region: daß die Bewohner dank ihrer Genügsamkeit spielend Hunger ertragen könnten, daß sie dort trotz des rauhen Klimas nackt und barfuß durch die Gegend streiften, daß sie sich tagelang bis zum Hals im Wasser aufhielten – und daß sie als sehr räuberisch einzuschätzen seien. Wen wundert es, daß sich die Römer von ihren seltsamen Nachbarn zu diesem Zeitpunkt bereits durch eine über 100 Kilometer lange Schutzbefestigung abgegrenzt hatten – den Hadrianswall, der mit über 11.000 Mann besetzt war. Hadrians Nachfolger riskierte es, ein gutes Stück weiter nördlich einen zweiten Wall zu errichten, doch der mußte bereits nach einem Jahrzehnt aufgegeben werden.

Aus den sogenannten „Dark Ages“ des frühen Mittelalters ging, nach viel Blut, Mühsal, Tränen und Schweiß, schließlich ein geeintes Schottland hervor. Friede herrschte deshalb lange nicht, schon aus dem Grund, weil der südliche Nachbar mit dem schottischen Thron liebäugelte. Schon Ende des 12. Jahrhunderts hatte sich der schottische König nach einer verlorenen Schlacht der englischen Lehenshoheit unterwerfen müssen. Ungefähr ein Jahrhundert später brachten die Engländer eine ihrer Marionetten zur Macht – doch ihre Rechnung ging nicht auf. Robert the Bruce siegte 1314 bei Bannockburg über ein weit überlegenes feindliches Heer, blieb schottischer König und wurde schottischer Nationalheld. „Let us do or die“, hatte er – laut Robert Burns – seinen begeisterten Mannen vor der Schlacht noch zugerufen; doch entscheidend für den Ausgang des Kampfes waren nicht nur die schottischen Lanzenkämpfer, sondern auch der marschige Boden, der der englischen Reiterei schwerstens zu schaffen machte. Schottland blieb unabhängig; offiziell anerkannten die Engländer 1328 die schottische Souveränität, aber inoffiziell gaben sie ihre Hoffnungen nicht auf.

Das wußten natürlich auch die Schotten, und so versuchten sie, durch gute Beziehungen mit Frankreich den ungeliebten Nachbarn in die geopolitische Zange zu nehmen. Als Verbündeter der Franzosen rückte der Stuart-König James IV. 1513 in England ein. Diesmal waren die Schotten nicht so glücklich wie anno 1314. Die Schlacht von Flodden kostete dem König das Leben, 10.000 seiner Leute blieben tot auf der Walstatt zurück. Doch setzte man weiterhin auf die französische Karte: Mary Stuart, Tochter von König James V. und der Guise-Prinzessin Marie, wurde am französischen Hof erzogen und heiratete dort den Dauphin.

Mit der Vereinigung der beiden Königreiche 1603 schien das Problem vorerst aus der Welt geschafft zu sein: der Schotte James VI. wurde zugleich der Engländer James I. Viele Schotten nahmen damals befriedigt zur Kenntnis, daß es *ihnen* gelungen war, über den rivalisierenden Nachbarn Einfluß zu gewinnen – und nicht umgekehrt. Da die Stuarts immer englischer wurden, waren die Probleme durch die Personalunion noch lange nicht beseitigt. In der Zeit der Bürgerkriege Mitte des 17. Jahrhunderts fochten Schotten an der Seite des englischen Parlaments gegen die Stuarts, in der Cromwell-Zeit wiederum für die Stuarts, die dann auch 1660 in der Person Charles' II. erneut den Thron bestiegen.

Zu Beginn des 18. Jahrhunderts wurde vertraglich festgelegt, daß es mit der Unabhängigkeit des schottischen Parlaments zu Ende war; zugleich verpflichteten sich die Schotten auch zur Anerkennung des hannoveranischen Königshauses – zwei Bestimmungen, mit denen sich viele patriotisch gesinnte Nostalgiker nicht abfinden konnten: „Scotland and no Union“, lautete ihre Devise. Sie träumten weiterhin von einem selbständigen Stuart-Staat; doch vielen Schotten, vor allem in den Lowlands, waren diese Träume egal – sie hatten durch die Union wirtschaftlich profitiert. Der 16. April 1746 sollte für die jakobitischen Rebellen bei Culloden Moor die Entscheidung bringen; bereits nach 40 Minuten war es mit ihren großen Hoffnungen zu Ende. Der Herzog von Cumberland, der verfettete Zweitgeborene König Georges II., ließ alle verwundeten Highlander erbarmungslos massakrieren – Pardon wurde nicht gegeben. Ähnlich verfuhren die englischen Sieger mit Besitz und Leben derjenigen, die den Aufstand unterstützt hatten (oder von denen man es zumindest annahm): Häuser gingen in Flammen auf, Vieh wurde fortgeführt, Menschen wurden aufgehängt, enthauptet oder nach Westindien deportiert. Der Thronprätendent Bonnie Prince Charlie, der während der Schlacht keine sonderlich glückliche Figur gemacht hatte, setzte sich nach Frankreich ab. Die Blutoper von Culloden wurde zum Nationalmythos der Schotten – allerdings zum traurigen.

Ist es vielleicht Teil ihres Nationalcharakters, besonders streitlustig zu sein? „Kurz ist die schottische Geduld / Und lang ein schottisch Schwert“, dichtete der deutsche Lyriker Moritz Graf von Strachwitz anno 1843. Doch wahrscheinlich ist die Geschichte der Schotten nicht mehr und nicht weniger blutrünstig als jene anderer Völker und Nationen. Was aber deren Faszination ausmacht, ist ihre Fähigkeit, konkrete historische Ereignisse in ein verklärendes Licht einzuhüllen, nämlich in das von Sage und Legende.

Schottische Schlösser hinterlassen zuweilen einen eigentümlichen Eindruck, je nachdem, ob man sie mit dem Auge des Historikers oder mit dem des Ästheten betrachtet. Auf der einen Seite sind sie Zeugnisse einer bewegten, martialischen Vergangenheit, auf der anderen Seite sind sie das, was man heute als „romantisch“ oder „pittoresk“ empfindet, nicht zuletzt wegen ihrer harmonischen Einbettung in eine grandiose natürliche Kulisse. Heutigen Architekten erteilen diese urtümlichen Bauwerke allesamt eine Lektion: daß es möglich ist, die Natur ins bauliche Konzept miteinzubeziehen, wenn auch andere handfeste Interessen, nämlich strategische, im Vordergrund stehen.

Musterbeispiel dafür ist Tantallon Castle, etwas mehr als eine Autostunde östlich von Edinburgh gelegen. Von der einstigen Pracht ist nicht mehr viel übrig, seit die Kanonen Cromwells hier 1651 gewütet haben: gerade zwei große Mauern und einige kleinere Baulichkeiten. Trotzdem zeigen sich alljährlich Tausende Besucher von der grandiosen Erhabenheit dieser Stätte gefesselt: nicht nur deshalb, weil von mittelalterlichen Burgruinen grundsätzlich etwas Wildromantisches ausgeht, sondern weil sie hier mit ihrer Umgebung eine untrennbare Einheit bilden. Auf einem steinernen Balkon ist die Burg gebaut; unterhalb toben die bewegten Wasser des Firth of Forth:

On a projecting rock it rose,
And round three sides the ocean flows,
The fourth did battled walls enclose ...

schreibt Sir Walter Scott. Gegenüber ragt Bass Rock aus dem Meer, ein Felsen vulkanischen Ursprungs. Früher lebten heilige Einsiedler, Soldaten oder Gefangene dort; durch alle Zeiten hindurch war es aber ein Refugium für unzählige Seevögel: Kormorane, Papageientaucher, Möwen, Gänse, Lummen. „Nur ein einziger Felsblock, der aber groß genug ist, eine ganze Stadt daraus zu erbauen", äußert sich Robert Louis Stevenson in seinem Roman „Catriona" über Bass Rock; die Ruine von Tantallon Castle dient bei ihm zwielichtigen Elementen als Stapelplatz für Schmuggelgut.

Wer an Tantallon Castle denkt, der denkt in der Regel aber zunächst einmal an die Familie der Douglas, eine der mächtigsten Sippen des Landes, ständig im Zwist untereinander und mit dem Königshaus. Archibald Douglas, der fünfte Earl of Angus und schottischer Kanzler, fand nichts dabei, mit den Engländern über eine Auslieferung seines Herrn zu verhandeln. Sein Enkel, ebenfalls Archibald mit Namen, versuchte gar, den jungen James V. als eine Art Gefangenen in seinem Schloß in Edinburgh festzuhalten. 1528 gelang dem König die Flucht; nach Sir Walter Scott schwor er im selben Jahr, nie wieder einen aus der verräterischen Douglas-Sippschaft in seine Dienste zu nehmen. Daran hielt er sich auch: der alte Archibald starb 1556 im französischen Exil. Bei Fontane findet diese Episode in seiner berühmten Ballade „Archibald Douglas" ein versöhnlicheres Ende: James vergibt dem Ungetreuen, der demütig um Vergebung fleht, eingedenk der verflossenen Tage, die beide miteinander beim Fischen und Jagen in unbeschwerter Eintracht verbracht haben.

Was sich alles an englisch-schottischen Spannungen aufgeladen hat, ist im ältesten bewohnten Haus Schottlands, Traquair, nachzuvollziehen. Schon die Lage im Grenzland, an einer Biegung des Tweed-Flusses, macht es dazu prädestiniert; ebenso die Tatsache, seit 1491 in Händen der Stuarts zu sein – einer Familie also, die das Geschick beider Länder entscheidend mitgestaltete. Ursprünglich war es als königliche Residenz gedacht, erst später wurde es Teil eines Befestigungsgürtels, der gegen den potentiellen Feind im Süden Schutz bieten sollte. Eine Schnitzarbeit auf einem Eichentor in Traquair House legt von dieser Rivalität ein vielsagendes Zeugnis ab: Ein Einhorn, Schottland verkörpernd, rammt da einem recht paralysiert dreinblickenden englischen Löwen seinen zugespitzten Kopfschmuck in den weit geöffneten Rachen.

Die reale Geschichte freilich spricht eine andere Sprache – da waren es die Schotten, die meistens klein beigeben mußten. Ein Erker im obersten Geschoß von Traquair erinnert an die Zeit der Katholikenverfolgung im 16. und 17. Jahrhundert. In diesem exponierten Gelaß wurden geheime Messen abgehalten; der Rundblick erlaubte es, schon recht früh unwillkommene Besucher auszuspähen, die aus der Ferne herannahten. Erst 1829 erhielten die Bewohner von Traquair im Zuge des Emancipation Act die Erlaubnis, ihrem Glauben offen nachzugehen. Eine noch berühmtere Geschichte erzählen die Steekit Yetts oder Bear Gates, große Gittertore am Ende einer breiten Allee. 1715 und 1745 beteiligten sich die Herren von Traquair an den jakobitischen Aufständen (und mußten bitter dafür büßen). Während des zweiten Aufstandes weilte der Stuart-Rebell Bonnie Prince Charlie zu Gast auf dem Schloß. Bei seinem Abschied versperrte der fünfte Earl die Steekit Yetts mit den Worten, daß man sie erst wieder öffnen solle, wenn wieder die Stuarts auf dem Thron säßen. Die Tore sind bis heute geschlossen geblieben.

Ein wolkenverhangener Himmel, der nur zeitweise der Sonne Gelegenheit gibt, die sich darunter ausbreitenden Hügel und Täler in bizarre Lichteffekte einzukleiden; sturmumwitterte Klippen, über denen sich die kreischenden Möwen nur mühsam in der Luft halten können; die herbe Heidelandschaft schließlich, die bis hin zum Horizont nicht erahnen läßt, daß dieser Planet auch von Menschen bewohnt ist – eine Weltecke somit, die geradezu prädestiniert erscheint, sie mit Zauberern, Kobolden, Ungeheuern und anderen Wesen aller Art aus dem Reich der Phantasie zu bevölkern. Zu übermächtig erscheint die Natur, als daß sie ohne die Hilfe irrationaler Mächte bewältigt werden könnte.

Es ist gewiß kein Zufall, daß die berühmtesten Hexen der Weltliteratur, die „weird sisters" aus Shakespeares „Macbeth", gerade in Schottland ihr Unwesen treiben. Bei Forres in Morayshire, um genau zu sein – so will es die Überlieferung. Dort hatten sich im 10. Jahrhundert einige alte Weiber zusammengerottet, um ein wächsernes Portrait von König Duff den Flammen zu übergeben. Sie wurden prompt gefangengenommen – immerhin hatte man mit ihnen die Antwort gefunden, warum der Souverän schon seit längerem siech darniederlag. Die Hexen wurden hingerichtet, der König wurde wieder gesund, und die schottische Folklore wurde wiederum um eine düstere Episode bereichert; eine Episode, die vielleicht auch Shakespeare aus eigener Lektüre nicht unbekannt war. Auch seine Hexen sind nicht gerade zimperlich, was ihren Umgang mit dem schottischen Feldherrn Macbeth angeht: Zuerst wecken sie mit ihren Weissagungen seinen Ehrgeiz und seine Mordlust, lassen ihn den alten König aus dem Weg räumen, damit er selbst König wird, und gaukeln ihm am Ende falsche Sicherheit vor. Nur einer, den kein Weib geboren habe, könne ihn töten; und das werde erst der Fall sein, wenn der Wald, der sein Schloß umgibt, zu gehen beginne. Nur: so absonderlich die

Prophezeiung zu sein scheint, erfüllt wird sie doch – die Belagerer rücken, getarnt unter Laub und Ästen, gegen die Burg vor, und Macbeth findet in Macduff, der durch einen Kaiserschnitt zur Welt gebracht wurde, seinen Vollstrecker. Eine Geschichte mit einer ähnlich zynischen Pointe soll sich 1562 abgespielt haben, als der Earl of Huntley, der Kopf des Gordon-Clans, gegen Mary Stuart ins Feld zog. Ihm prophezeiten Hexen, daß er nach dem Waffengang ohne Verletzung in Aberdeen ruhen werde. Zuversichtlich stürzte sich der Earl ins Gefecht und wurde gefangengenommen – das erregte ihn offensichtlich so sehr, daß ihn der Schlag traf. Er fiel vom Pferd, starb und wurde in Aberdeen aufgebahrt – ohne sichtliches Zeichen einer äußeren Verwundung, wie es die weisen Frauen vorausgesagt hatten.

Nicht immer sind die schottischen Hexengeschichten von so bitterer Ironie. Robert Burns, Bauernsohn aus Alloway und schottischer Nationaldichter, berichtet in seiner berühmtesten Ballade über einen anderen Bauernsohn aus Alloway namens Tam o'Shanter, der eines Nachts Zeuge wird, wie sich Hexen um den Teufel scharen, der zu ihren wüsten Tänzen den Dudelsack bläst. Natürlich wird er dabei ertappt und muß auf seinem Pferd Meg die Flucht ergreifen, die satanische Bande dabei hart auf den Fersen. Erst als er den Fluß Doon erreicht, ist er in Sicherheit, denn fließendes Wasser neutralisiert die Hexenkräfte. Bevor der Spuk zu Ende ist, kann die schnellste der Hexen, Cutty Sark, noch den Schwanz der armen Stute greifen und ausreißen. Cutty Sark – so hat man später jenen famosen Teeklipper getauft, der heute als Schiffsmuseum in Greenwich vor Anker liegt.

Schottland, Hexenland. Am Nordufer des Loch Leven erinnert noch heute ein gespaltener Stein an die Anwesenheit der zauberkundigen Gormul. Und daß in Scapa auf den Orkneys der Walfang zugrundeging, liegt selbstverständlich einzig und allein daran, daß ein magisches Weib dort vor Jahrhunderten einen Fingerhut vergraben hat. Volkskundler vermuten, daß sich in zahlreichen Erzählungen dieser Art das Andenken an heidnische Göttinnen aus vorrömischer Zeit erhalten hat.

Aber auch die Wirklichkeit hat ihre Hexengeschichten – und die sind traurig. Als im Jahre 1590 am Pier von Leith ein magischer Zirkel eine Katze ersäufte, sollte dies den Untergang jenes Schiffes bewirken, auf dem König James VI. gerade mit seiner Braut Anna von Dänemark aus Norwegen zurückkehrte. Tatsächlich fand ein Schiffsuntergang mit Mann und Maus statt, doch traf es nicht das Schiff des königlichen Paares – das landete wohlbehalten in der Heimat. Bald wurde diese magische Panne publik. Denunziation und Folter taten dabei das Ihrige. 1591 machte man den erfolglosen Hexern den Prozeß. Auch ein junger Schulmeister war darunter, der zugab, bei den gotteslästerlichen Zeremonien in Kirchen und auf Friedhöfen immer zur Linken des Teufels gestanden zu haben. Eine kräuterkundige Hebamme namens Agnes Sampson berichtete, wie sie dem König in einem zweiten Versuch mittels Krötengift eine tödliche Krankheit anzuhexen versuchte; allein die Kooperationsunwilligkeit eines Dieners, der das zum Zauber notwendige Leinenstück aus dem Besitz seines Herrn nicht herausrücken wollte, sicherte den Fortbestand der Stuartlinie. Auch Versammlungen um ein Wachsbild des Königs, wo obskure Zaubersprüche gemurmelt wurden, führten nicht zum gewünschten Ziel. James war geneigt, die ganze Sache als Humbug abzutun – bis zu dem Moment, als ihm Agnes den genauen Wortlaut jener Unterhaltung flüsterte, die er privatim in der Hochzeitsnacht auf hoher See mit seiner Angetrauten geführte hatte. Damit hatte sie ihr eigenes Urteil gesprochen – und das anderer Frauen und Männer auch, die im folgenden Jahrhundert einem kollektiven Verfolgungswahn zum Opfer fielen. Der Prozeß um die „Witches of North Berwick" markiert den eigentlichen Beginn der Hexenverfolgungen in Schottland. James VI. veröffentlichte sechs Jahre später ein Buch über Dämonologie – ein Zeitpunkt, zu dem sich der vermutliche Drahtzieher des ganzen Skandals, Francis Hephurn, Earl of Bothwell, bereits nach Neapel abgesetzt hatte. Dieser hatte gehofft, nach dem Tod des kinderlosen Königs selbst den Thron zu besteigen. Was ihm jetzt noch blieb, war die Schwarze Magie, mit der er sich beschäftigte, solange er seinem armseligen Ende im Exil entgegenlebte.

An die tausend Opfer sollen die schottischen Hexenjagden im 17. Jahrhundert gefordert haben; frühere Schätzungen sprechen sogar von 4400. Unfaßbare Zahlen, für gesamteuropäische Verhältnisse aber recht bescheiden. Besonders spektakulär war der Fall des Majors Thomas Weir, eines angesehenen Garnisonskommandeurs in Edinburgh, der sich in fortgeschrittenem Alter selbst bezichtigte, Diener des Teufels zu sein. Zusammen mit seiner Schwester wurde er aufgehängt; sein Geist schlurft heute noch in stillen Nächten am Grassmarket umher. Erst im 18. Jahrhundert fand dieses unrühmliche Kapitel schottischer Geschichte seinen Abschluß: 1727 wurde die letzte Hexe hingerichtet, neun Jahre später die Hexengesetze aufgehoben. Lange nicht so fortschrittlich wie im angeblich finsteren Schottland war man auf dem Kontinent; dort brannte die letzte Hexe 1793, zu einer Zeit, in der die Französische Revolution Freiheit, Gleichheit, Brüderlichkeit für alle versprach; am Ende eines – wie es heißt – aufgeklärten Zeitalters.

Die Geschichte der schottischen Musik ist eine Geschichte voller Mißverständnisse. Eines dieser Mißverständnisse beginnt bereits bei der Frage nach dem Nationalinstrument. Für viele ist das unbestreitbar der Dudelsack – das Symbol Schottlands schlechthin. Zusammen mit Whisky und dem Ungeheuer von Loch Ness bildet es die Dreifaltigkeit aller Stereotypien, mit denen die Region aufwarten kann. Der Dudelsack, in der Saison für Touristen bis zum Überdruß eingesetzt, ist unbestreitbar ein Teil der heimischen Folklore – aber eben nur ein Teil. Denn er ist nicht *das* Nationalinstrument, sondern nur eines von insgesamt mindestens dreien.

Die keltische Harfe, das urtümlichste davon, erlebt heute besonders in Irland eine Renaissance. Über die alten schottischen Musikstücke, die für dieses Instrument komponiert wurden, sind keine schriftlichen Zeugnisse erhalten; möglicherweise lebt einiges im Repertoire der Sackpfeifer weiter. Ebenso typisch schottisch ist die Fiedel, heute als besonderer Teil der kulturellen Identität angesehen. Nach dem Zweiten Weltkrieg entstanden zahlreiche neue Kompositionen, auch die Schallplattenindustrie zeigte sich an dieser Art Musik interessiert, und noch immer pflegt die „Shetland Fiddlers Society" das insulare Kulturerbe. Ab dem 10. Jahrhundert war die Fiedel als Tanzinstrument geschätzt. Der berühmteste Interpret indes war ein Wegelagerer und Strauchdieb: James Macpherson. Bevor er 1700 aufgehängt wurde, zerbrach er sein (übrigens bereits nach italienischem Modell gebautes) Instrument am Fuße des Galgens. Das illustre Stück kann heute noch in Newtonmore bewundert werden, in einem Museum, das zu Ehren des Räubers eingerichtet wurde.

Mit dem Dudelsack selbst ist es auch so eine Sache. Zwar waren die Schotten die ersten auf der Welt, die Dudelsackmusik in Druck gaben – was vielleicht dazu genügte, das Instrument automatisch mit Schottland in Verbindung zu bringen. Aber erfunden haben die Schotten den Dudelsack nicht. Möglicherweise haben schon im alten Mesopotamien sumerische Hirten auf diesem Instrument geblasen; Griechen und Römer kannten ihn jedenfalls schon. Sein Prinzip ist weithin in der Alten Welt bekannt, bis nach Indien und Schwarzafrika hinein. Daß die eigenartige Stimmung des Instruments von der arabischen Musik herkommen soll, die als Import dergestalt Eingang in das abendländische Kulturleben der Kreuzfahrerzeit fand, wird heute in der Wissenschaft kaum mehr angenommen. Überlebt hat in Schottland nur mehr die Highland-Form des Instruments; die Lowland-Form gilt heute als ausgestorben: Vorbei sind die Zeiten, als in den dortigen Kommunen ein offizieller Dudelsackspieler für Unterhaltung sorgte. Der Dudelsack aus den Highlands ist erstmals aus Quellen des 16. Jahrhunderts überliefert – das wäre vier Jahrhunderte nach dem ersten Beleg, der aus England kommt. Quellen geben darüber Auskunft, daß er bereits im Hoch- und Spätmittelalter zur höfischen wie zur volkstümlichen Belustigung diente. Der schottische Dudelsack – ein Spätentwickler, der aus dem Süden kam? Eine Vorstellung, die für jeden gestandenen Schotten ein Alptraum sein muß: das Prunkstück nationaler Folklore – vom rivalisierenden England abgeguckt. Den Ortsfremden lassen solche Überlegungen höchstwahrscheinlich kalt, ist der eigentümlich schnarrende Ton der Sackpfeife doch für viele ohne einen gehörigen Schuß verklärenden Patriotismus schwer zu ertragen: „Warum geht ein Dudelsackspieler beim Musizieren immer auf und ab?" – „Damit man ihn schwerer mit Steinen trifft." Oder noch vernichtender der „National Lampoon" im Jahr 1976: „Fünf Jahrhunderte lang waren die linkischen Versuche der Schotten, die englische Sprache zu meistern, eine Quelle der Unterhaltung; mindestens genauso lang, wie ihre idiotische Musik von denen gefürchtet wurde, die nicht mit Taubheit geschlagen waren."

„Infames, gemeines, falsches Zeug", so urteilte Felix Mendelssohn-Bartholdy über die Beispiele aus der Volksmusik, die ihm bei den Engländern, Schotten und Walisern zu Ohren gekommen waren: „Zehntausend Teufel sollen alles Volkstum holen." Mendelssohn ist wenigstens zu jenen paar kontinentaleuropäischen Komponisten zu rechnen, die im 19. Jahrhundert und zuvor persönlich schottischen Boden betraten – wohl der Hauptgrund, warum uns in deren Werken ein oftmals völlig verzerrtes Schottland-Bild begegnet. So verarbeitet die berühmteste Schottland-Oper aller Zeiten, Donizettis „Lucia di Lammermoor", überhaupt kein lokales Kolorit; sie könnte genausogut in Norwegen, in den Alpen oder sonstwo spielen. Daß sie sich ausgerechnet Schottland zum Schauplatz erwählt hat, hängt einzig damit zusammen, daß der Autor der Vorlage, Sir Walter Scott, von dorther stammte und im Roman auf die Impressionen aus seiner Heimat zurückgriff. Im 19. Jahrhundert zählte ein schottischer Tanz, der überhaupt nicht aus Schottland stammte, zum erklärten Favoriten der Wiener Ballsäle: die Ecossaise, ein Kontredanse in zuweilen walzerartigem Rhythmus. Man nimmt an, daß diese Art von Musik eine französische Erfindung des 18. Jahrhunderts gewesen ist: schottische Musik, so wie die Schotten möglicherweise komponiert haben könnten. Beethoven verfaßte einige Stücke dieser Gattung, auch Franz Schubert lieferte einige hübsche Beispiele; Carl Maria von Weber dachte sich einige Ecossaisen für das weibliche Publikum in Hamburg aus. Alle drei kannten Schottland bestenfalls von der Landkarte. Desgleichen ihre Zeitgenossen Haydn, Pleyel oder Kozeluch, die einige schottische Volksmelodien bearbeiteten – auf Ersuchen des Staatsbeamten George Thomson, der für eine Sammlung britischer Musikstücke mustergültige Arrangements suchte. Einzig Johann Nepomuk Hummel verschlug es in diesem Zusammenhang tatsächlich jenseits des Tweed. Auch Frédéric Chopin versagte sich dem rauhen Norden; er, der drei Ecossaisen fürs Klavier schrieb, zog dem wetterwendischen Schottland das südliche Mallorca als Touristendomizil vor. Dort regnete es zwar auch wie aus Eimern, aber wer kann das schon bei einem Spanienaufenthalt vorausahnen?

„Ganz durchnäßt ist Erde und Himmel, und Regimenter von Wolken ziehen noch in Reih und Glied vorbei" – das schrieb Felix Mendelssohn-Bartholdy, zusammen mit Theodor Fontane wohl der berühmteste deutsche Intellektuelle des vorigen Jahrhunderts, der dem Ruf Schottlands folgte. Ist heute noch die Reise dort – trotz Bed & Breakfast und Touringkarte – ein kleines Abenteuer, so war sie dies in früheren Zeiten erst recht. Der Reisende des ausgehenden 20. Jahrhunderts studiert Fotobände und bebilderte Reiseführer – womit bereitete sich Mendelssohn seine Reise vor? Er, der schottische Städte und Landschaften bestenfalls von Zeichnungen her kannte – wie empfand er die Wirklichkeit? Wie trafen sich seine idealisierten Vorstellungen mit den Strapazen der Fahrt?

Über York und Durham erfolgt die Anreise. Edinburgh gefällt ihm gut, er schwimmt sogar ein wenig im Ozean herum. Daneben nützt er die Zeit, Schauplätze der Weltliteratur zu besuchen: Daß er mit Sir Walter Scott in Abbotsford nicht ausgiebig plaudern kann, enttäuscht ihn zwar; doch hat er sich zuvor bereits mit einer Schiller-Wallfahrt entschädigt, indem er jene Stätten besucht hat, die mit dem Schicksal Mary Stuarts in Verbindung stehen. Weiter geht die Reise nach Stirling, nach Perth, nach Inverary; Mendelssohn hält das Wichtigste dabei auf seinem Zeichenblock fest. Schließlich Staffa und die Fingalshöhle: Konditionstest für den jungen Musiker, denn die See erweist sich als wenig willfährig. „Er verträgt sich mit dem Meer besser als Künstler, denn als Mensch, denn als Magen“, notiert sein Begleiter Carl Klingemann. Von Glasgow aus unternehmen die Reisenden eine strapaziöse Wanderung nach Liverpool, die zehn Tage dauert. Kein Mensch kreuzt dabei ihre Wege – Einsamkeit pur für mitteleuropäische Zivilisationsmenschen. Selbst bei Regenwetter setzen sie ihren Marsch fort und übernachten in primitiven Absteigen, die den Stürmen nur ungenügend trotzen, innen fast genauso naßkalt sind wie draußen. Trotz aller Mühsal erweist sich Mendelssohns Schottlandreise für die Nachwelt als sehr segensreich, denn ihre musikalische Ausbeute ist heute noch häufig in den Konzertsälen zu hören: die „Hebriden“-Ouvertüre und seine dritte Symphonie mit dem Beinamen „Schottische“, etwas seltener die Konzertouvertüre „Rob Roy“.

Der Raum öffnet sich wie eine gigantische Theaterkulisse. Auf dem Spielplan steht alles, was die Gegend zu bieten hat: Unberührtheit und Einsamkeit, karge Wildheit und rauhe Winde, Stille, Strenge. Im letzten Sonnenlicht glüht es noch einmal auf, das weite Land mit seinen Tälern und dunkel starrenden Seen, mit seinen zerschrundenen Felsen und flüsternden Wassern. Irgendwo flattern Vögel auf – Moorhühner? Fasane? – und nehmen mit ihrem langsam verrauschenden Flügelschlag die letzten Geräusche des verklingenden Tages mit. Eine frische Brise kräuselt den Bewuchs der Kuppen zu bizarren Ornamenten. Darüber türmt sich ein Himmel in tausend Farben: zwar kein sturmzerzaustes, von harten Licht- und Schattenkontrasten durchflutetes Wolkengebirge, das die Romantiker unter den Malern dramatischer darstellen konnten als die Natur selbst, aber immerhin – es bleibt noch genug an Dramatik übrig, die einem den Atem nimmt.

Keine Frage: wir befinden uns in den Highlands – jener Region, der der Reisende des 18. Jahrhunderts, noch jeder romantischen Aufwallung abhold, „erstaunliche Größe, gräßliche Ungleichmäßigkeit, schreckliche Düsternis“ nachsagte. Die Romane eines Scott, die Bilder eines Turner oder Landseer halfen mit, das Bild von der tristen Reizlosigkeit durch ein anderes zu ersetzen – ein Bild, das gerade zu einer Zeit recht kam, in der sich die Betriebsamkeit moderner Metropolen für deren Einwohner zu einer enervierenden Plage zu entwickeln begann. Man suchte nach Alternativen und fand sie – in der Natur und der Kultur der Highlands. Bereits 1822 hatte König George IV. bei seinem Besuch in Schottland der Tartan-Mode einen entscheidenden Impuls gegeben, und für die feine englische Gesellschaft waren die rauhen Hochland-Clans mittlerweile politisch dermaßen unwichtig geworden, daß man es sich leisten konnte, sie im Lichte ebenso verklärender wie manchmal verfälschender Volkskunde zu bewundern. Die Highlands – immerhin repräsentierten sie ja das, was man sich landläufig unter dem „wahren“ Schottland vorstellte. Das wahre Schottland? Der Schein trügt wieder einmal. Denn das, was sich heutzutage in vermeintlicher Urtümlichkeit präsentiert, ist Ergebnis zweier von Menschenhand herbeigeführter Katastrophen: einer ökologischen und einer politischen.

Der Umwelt-GAU setzte schon Jahrhunderte vor der industriellen Revolution ein. Ganze Landstriche verschwanden unter den Axtschlägen der Holzfäller, die die kaledonischen Wälder gnadenlos plünderten. Die Nachfrage war groß, besonders unter Bauleuten und Schiffszimmerern. Bereits im 15. Jahrhundert wurde die Situation als dermaßen kritisch empfunden, daß das schottische Parlament gesetzliche Maßnahmen gegen die übermäßige Waldnutzung durchzusetzen plante. Vergeblich – die Vernichtung des Waldlandes ging weiter, auch in anderen Regionen Schottlands. Als James IV. 1511 sein Kriegsschiff „Great Michael“ bauen ließ, wurde dafür – nach einem zeitgenössischen Chronistenbericht – fast der gesamte Wald der Halbinsel Fife geopfert. Mitte des 18. Jahrhunderts waren die Highlands zum Großteil Kahlschlagregion, ohne Chance auf Regeneration, denn mittlerweile hatte man einen Wirtschaftszweig forciert, der dem Wald endgültig den Garaus machte: die Schafzucht.

Schafe – der Segen und der Fluch Schottlands. Segen deshalb, weil sie Geld ins Land brachten. Schon im Mittelalter herrschte auf dem Kontinent rege Nachfrage nach schottischer Wolle, besonders in Flandern und in Italien. Je mehr Schafe, desto mehr Profit – so lautete die einfache Schlußrechnung, die für das Land und viele seiner Bewohner fatal enden sollte. Denn die Tiere machten nicht Halt vor den Baumsämlingen, fraßen sie auf und trugen damit ihr Schärflein bei, daß das kahle Land kahl blieb. Den Rest besorgte der Mensch: um zusätzliche Weideflächen zu gewinnen, wurde der verbleibende Baumbestand vielerorts einfach niedergebrannt. Im 18. Jahrhundert war die Schafzucht dennoch an ihre Grenzen gelangt: Das, was an möglichem Weideland noch übrig war, wurde von einfachen Bauern bewirtschaftet. Und damit beginnt der zweite Teil der Katastrophe, die menschliche.

Bauer zu sein in Schottland, das war von Haus aus kein Vergnügen. Das Leben war karg, oft teilte man sich mit den Tieren die Wohnstube, um in einer einigermaßen erträglichen Temperatur leben zu können. Ebenso karg war das Essen, mit Tierblut vermischte Hafergrütze etwa. Jahrhundertelang war dies so gewesen; ab der zweiten Hälfte des 18. Jahrhunderts sollte alles anders sein. Wieder einmal hatte ein Ereignis der großen Politik dazu den Anstoß gegeben: 1746 wurde Bonnie Prince Charlie, der im Namen der Stuarts Anspruch auf die Krone erhoben hatte, bei Culloden Moor nahe Inverness geschlagen. Die Träume von einer jakobitischen Restauration zerplatzten, unangefochten blieb das Haus Hannover im Sattel. Jetzt ging es darum, den aufmüpfigen Highländern ein für allemal die Flügel zu stutzen. 1747 wurde ihnen im Act of Proscription ihre Nationaltracht verboten, ebenso der Dudelsack oder das Tragen von Waffen. Ziel war es, die archaische Clan-Struktur, die auf Schutz und Treue ausgerichtet war, nachhaltig zu unterhöhlen. Doch zeigte es sich, daß diese sich im Lauf der Zeit selbst überholt hatte. Die Clan-Häuptlinge hatten bereits Anschluß an das kapitalistische Wirtschaftstreiben gefunden, dachten nach, wie man zu mehr Einkünften kommen könnte – Einkünfte, die ihnen ihr eigenes Land nicht bieten konnte. Und so begannen sie, Grund und Boden an Engländer und Lowlanders zu verkaufen, die ihrerseits wiederum konsequent die Schafzucht durchzuziehen begannen.

Der Bauer blieb bei diesen Spekulationen übrig. Aus Agrarland wurde Weideland, die Bevölkerung enteignet und ausgesiedelt. Unter dem Namen „Highland Clearances“ sind diese Massenvertreibungen bekannt und berüchtigt geworden, eine Episode, die für die schottische Geschichte kein Ruhmesblatt darstellt. Die einen starben an Hunger, die anderen fanden ihre neue Heimat in unwirtlichen Küstengegenden oder in den Proletarierslums der aufschießenden Industriestädte. Viele entschlossen sich, nach Amerika oder nach Australien auszuwandern, andere verschwanden in den britischen Kolonialarmeen. Was übrig blieb, waren jene menschenleeren Regionen, an denen sich heute das Herz des Reisenden erfreut. Im Grunde genommen ist die Landschaft der Highlands aber nichts anderes als eine Maske, hinter der sich eine tragische Geschichte voller Rücksichtslosigkeiten gegen Natur und Mensch verbirgt.

Dort, wo Worte versagen, beginnen Bilder zu sprechen. Doch auch sie sind keine Garanten für Objektivität. Denn auch Bilder sind – als Ausschnitte der Wirklichkeit – nur Teilwahrheiten. Wer es sich darauf versteht, kann Romantisches noch romantischer machen, Spektakuläres noch spektakulärer, Deprimierendes noch deprimierender. Regelrechte neue Welten haben die bewegten Bilder des Films geschaffen: Seit Bill Forsyths „Local Hero“ mit Burt Lancaster besuchen Touristen den malerischen Fischerort Pennan unter anderen Voraussetzungen als noch zwanzig Jahre vorher – eine Telefonzelle hat es dort zu internationaler Berühmtheit gebracht. Ein globales Medium hat neue Mythen ins Leben gesetzt: auch in Eilean Donan Castle, das einer Generation von Kinogehern in Zukunft eher mit dem Film „Highlander“ in Verbindung gebracht werden wird als mit der historischen Familie der MacRaes. Und wer glaubt, daß Dunnottar Castle in Zeffirellis „Hamlet“-Fassung wirklich so aussieht wie Schloß Helsingör, darf bei einem Besuch der Ruine darüber nachdenken, zu welchen illusorischen Leistungen der Kulissenbau beim Film imstande ist.

Was ist Schottland, was sind die Schotten? „Den“ Schotten, „die“ Schottin, sie gibt es wahrscheinlich gar nicht, weil es sie gleich über fünfmillionenmal gibt, in unterschiedlichsten Ausführungen. Gerade weil es so verführerisch ist, sich im Falle Schottlands geradezu aufdrängt, sollte man sich hüten, Land und Leute über einen Leisten zu scheren. Wen es stört, daß das „wahre“ Schottland von so viel „Unwahrem“, Legendärem, sagenhaft Beigegebenem überwuchert ist, der darf nicht vergessen, daß gerade dieser Mythos Teil der Wirklichkeit geworden ist. Kulturelle Identität ist nicht nur das, was man auf Realem aufbauen kann, ebenso wichtig dafür ist das, was nicht existiert oder nie existiert hat, in allen erdenklichen Variationen, auch als nationales Klischee, als Stereotyp, das sich immer wieder neu bildet und sich immer wieder selbst erfüllt.

BILDLEGENDEN

1 Jedburgh Abbey
Die 1118 gegründete und 1147 von König David I. zur Abtei erhobene Kirche, stellt ein Musterbeispiel für den Übergang vom normannischen zum gotischen Stil dar. Das Hauptschiff ist dreigeschoßig. Die Augustinerabtei, aus rotem Sandstein erbaut, wurde 1544 vom Earl of Hertford schwer zerstört. Mary Stuart-Fans kommen in Jedburgh auf ihre Rechnung: Ein lokales Museum zeigt Andenken an die schottische Königin – sowohl historisch verbürgte als auch einige aus dem Reich der Legende. In dem, heute als Museum eingerichteten Haus lebte die Königin, als sie am 9. Oktober 1566 hier Gericht hielt.

2 Dryburgh Abbey
Um 1150 gründete der normannische Baron Hugh de Morville die Prämonstratenserabtei. Die Gebäude weisen sowohl normannische als auch gotische Stilelemente auf. Die mehrfach (1322, 1385 und 1544) von den Engländern verwüstete und geplünderte Abbey liegt etwas abseits in einer Flußschleife des Tweed. In ihrer Ruine liegt einer der schottischsten aller schottischen Dichter begraben: Sir Walter Scott.

3 Sweethart Abbey
Sweethart Abbey ist eine der schönsten Kirchenruinen der Lowlands, die vor allem durch eine sehr schön ausgeführte Rosette besticht.

4 Melrose Abbey
Das im Jahre 1136 gegründete Zisterzienserkloster ist der Hochgotik zuzuordnen. Die Abtei wurde im 14. Jahrhundert zweimal zerstört und wieder aufgebaut. Auf Befehl Henrys VIII. legte 1545 der Earl of Hertfort das Kloster endgültig in Schutt und Asche.
Das Herz Schottlands ist in Melrose zur Ruhe gebettet – das Herz des Nationalhelden Robert the Bruce. Sein Gefolgsmann, Graf Douglas, sollte es nach seinem Tod in einer Silberkapsel ins heilige Land bringen, wurde auf seiner frommen Reise jedoch in Spanien von Sarazenen überfallen und getötet. Das Herz, das er immer bei sich getragen hatte, kam in der Silberkapsel auf Umwegen wieder nach Schottland zurück und wurde in der Melrose Abbey bestattet. Seitdem führen die Nachkommen des treuen Pilgers das geflügelte Herz in ihrem Wappen.

5 St. Andrews Cathedral
Mit dem Bau der größten Kathedrale Schottlands wurde im Jahr 1160 begonnen, doch sie wurde erst 1328 fertiggestellt. 1538 wurde in der 102 m langen und 49 m breiten Kirche James V. mit Marie von Guise vermählt. Durch diese Heirat, mit der sich Schottland auf die Seite Frankreichs stellte, wurde Henry VIII. zur Invasion herausgefordert. 1559 zerstörten die fundamentalistischen Anhänger des Reformers Knox die Ausstattung der Kirche und es begann der Verfall des Bauwerks.

6 Kelso Abbey
Das Grenzland war kein guter Boden, um dort Kathedralen für die Ewigkeit zu bauen. Die Ruinen von Kelso Abbey lassen fast nichts mehr von der früheren Pracht erahnen. Einst die reichste und prächtigste Abtei weit und breit, Krönungsort der Könige, ist sie heute anachronistischer Überrest im hektischen Verkehrsgetriebe der Kleinstadt.

7 Smailholm Tower
Inmitten einer Kuhweide steht Smailholm Tower, ein recht gut erhaltenes Beispiel eines typischen Wehrturmes zur Grenzsicherung. Auf der nahen Farm lebte der Großvater von Sir Walter Scott.

8 Caerlaverock Castle
In herber Romantik präsentiert sich Caerlaverock Castle – von einem breiten Wassergraben umgeben, mit ungewöhnlichem Grundriß in Form eines Dreiecks und wuchtigen Türmen an den Ecken. Die Festung datiert von ca. 1285, wurde aber schon anfangs des 14. Jahrhunderts ziemlich zerstört. Erst 1593 wurde sie von Lord Maxwell wiederaufgebaut. Im Innenhof wartet eine Renaissancefassade auf den Besucher.

9 Hermitage Castle
Hermitage Castle, im wilden Liddisdale gelegen, mehr Burg als Schloß, weist so wie Caerlaverock einen eher seltenen Grundriß auf: er ist H-förmig. Was sich in Hermitage Castle intakt zeigt, ist in Wahrheit das Produkt ausgedehnter Restaurationsarbeiten aus dem vorigen Jahrhundert – wie geschaffen als Drehort für Mary Stuart und Macbeth-Filme.

10 Tantallon Castle und Bass Rock
Zu den eindrucksvollsten Burgruinen Schottlands zählt Tantallon Castle – nicht zuletzt deshalb, weil es so harmonisch in die wilde Naturszenerie eingebettet erscheint: Wie auf einem Erker steht es 30 m über dem Meer, und vom gegenüberliegenden Bass Rock hört man das Kreischen abertausender Vögel. Die Sandsteinfestung der Douglas galt lange Zeit als uneinnehmbar. Vergeblich versuchten James IV. und V. die Burg zu erobern, um in ihren Auseinandersetzungen mit dem Douglas Clan die Oberhand zu behalten. Erst Cromwell gelang es, nach zweiwöchiger Beschießung, die Festung einzunehmen.

11 North Berwick
Für diejenigen, denen ein Badeurlaub an der Riviera schon zu alltäglich ist: North Berwick, schottischer Badeort mit 5 km langem Badestrand, aber ohne südliche Temperaturen. Im Tourist Office kann man Bootsausflüge um den Bass Rock buchen.

12 Rosslyn Chapel
Der dritte Earl of Orkney, William Sinclair, stiftete 1446 eine Kirche. Durch seinen Tod 1484 blieb sie allerdings unvollendet. Heute kann man in dem fertiggestellten Teil der Kirche, der Rosslyn Chapel, den Reichtum an Verzierung und an überbordender Ornamentik bewundern. In Rosslyn Chapel steht die berühmteste Säule Schottlands: Prentice Pillar. Ein Lehrling soll sie der Legende nach geschaffen haben, in solcher Pracht, daß sein eifersüchtiger Meister ihn deshalb erschlug.

13 Traquair House
Das älteste bewohnte schottische Herrenhaus, das angeblich 27 Königen aus England und Schottland ein Dach über dem Kopfe bot: Traquair House. Über die geschichtliche Bedeutung des Hauses wurde schon in der Einleitung ausführlich berichtet. Zu erwähnen wäre noch das ausgezeichnete dunkle Traditionsbier, das heute noch dort gebraut wird und sich großer Beliebtheit erfreut – es hat aber auch seinen Preis.

14 Stonehaven Bay
Der Fischerort Stonehaven und die Bay werden während der Abenddämmerung zu einem stimmungsvollen Refugium.

15 Castlehaven
Zwischen Stonehaven und Dunnottar Castle erstreckt sich eine wildromantische Felsenküste, die nicht von ungefähr dem Zeffirelli-Film „Hamlet“ als Kulisse diente.

16 Dunnottar Castle
Schon in prähistorischer Zeit war die strategische Bedeutung des Ortes, auf dem heute Dunnottar Castle steht, unumstritten. Aufbewahrungsort der schottischen Kronjuwelen, Zufluchtsort für die Feinde Cromwells, gefürchteter Kerker – die Festung hat eine sehr bewegte Geschichte hinter sich. Der gewaltige Torbau gab der Burg den Ruf, uneinnehmbar zu sein.

17 Brodie Castle
Der Eigentümer von Brodie Castle hat das Schloß, dessen Bausubstanz bis ins 12. Jahrhundert zurückgeht, dem National Trust überantwortet, wohnt aber dort noch immer inmitten seiner Bücher und Gemälde.

18 Craigievar Castle
Unverwechselbar ist das Äußere von Craigievar Castle – der Verputz der Fassade gibt dem Schloß fast weiche Konturen. Das darf aber nicht darüber hinwegtäuschen, daß der Zweck des Gebäudes ursprünglich Abwehr und Verteidigung war. Das Schloß wurde im Zeitraum von 16 Jahren erbaut, der Grundriß zeigt die L-Form der meisten Tower-Houses.

19, 20 Grampian Hills
Die Grampian Hills gelten als gut erwanderbarer Vorposten der Highlands – und bieten so manches, was man als typisch schottisch bezeichnen kann: Einsamkeit, Ruhe, imposante Landschaftsszenen.

21, 22 Gardenstown
An die 800 Menschen leben in Gardenstown, einem Fischernest in der Nähe von Banff. Wer die windungsreiche, steile und enge Straße zum Ort geschafft hat, wird dort mit uriger Atmosphäre belohnt.

23, 24 Troup Head
Für Seefahrer ein wichtiger Orientierungspunkt, für Vogelkundler ein Eldorado: die Steilküste von Troup Head. An diesen wilden Felsen siedelt die einzige Tölpelkolonie des schottischen Festlands. Kontrastreicher und lieblicher präsentiert sich das Hinterland mit seinen klar angelegten Feldern.

25, 26 Pennan
Die pittoreske Häuserzeile von Pennan schmiegt sich unter die zerklüfteten Felsen von Pennan Head. Sie diente als Drehort für den Film „Local Hero“ mit Burt Lancaster.

27 – 30 Sandend Bay
Die sandigen Buchten von Sandend Bay: nicht unbedingt das, was man sich unter einer typisch schottischen Küste vorstellt.

31 Elgin Cathedral
Als im Jahre 1224 der Bischofssitz von Moray nach Elgin verlegt wurde, begann man mit dem Bau einer Kathedrale. Das „Licht des Nordens" hat eine wechselhafte Geschichte erlebt: Mehrmals von Feuer und Krieg zerstört, begann ihr eigentlicher Verfall damit, als man anfing, das Bleidach zu demontieren, um damit Truppen finanzieren zu können.

32 Detail eines Grabsteins
Memento mori – Detail eines Grabsteins vom Friedhof in Elgin.

33 Landschaft bei Inverness
Nach einem Gewitter wird diese Landschaft bei Inverness von der tiefstehenden Sonne in eigenartiges Licht getaucht.

34 Ostküste bei Wick
Gerstefelder mit Nordseeblick: Küstenlandschaft südlich von Wick.

35 Inverness
Pflichttermin für Shakespearefreunde? Wer nach Inverness kommt, um sich dort den Originalschauplatz von „Macbeth" anzusehen, ist möglicherweise enttäuscht: Die Burg, auf der König Duncan gemeuchelt wurde, ist dem Erdboden gleichgemacht worden; die neue Burg am Ufer des River Ness ist ein Produkt des 19. Jahrhunderts.

36 Dunrobin Castle
Die Familie der Sutherlands ist mit einer halben Million Hektar Boden der viertgrößte Grundbesitzer in Schottland. Bei der Vertreibung der Bauern waren sie an vorderster Front; an die 15.000 Highlander verließen im Lauf dieser Zwangsumsiedlung ihre Heimat. Zum Familienbesitz gehört auch Dunrobin Castle, ein im 19. Jahrhundert im Neo-Baronialstil umgestalteter Bau.

37, 38 Duncansby Bay, Stack of Duncansby
Eine großartige Felsenbucht erwartet denjenigen, der die nordöstlichste Spitze des schottischen Festlands besucht: Duncansby Bay. Mehr noch: Die Gegend gilt unter Touristen als Geheimtip, wenn man Glück hat, kann man zur pittoresken Landschaft auch noch grandiose Einsamkeit genießen.

39, 40, 42 Nordküste
In Gottes weitem Garten. Vielfalt der Natur entlang der Nordküste.

41 Loch Eriboll
Östlich von Durness führt die Straße rund um den Loch Eriboll, eine schon in urzeitlichen Tagen besiedelte Gegend. Eine alte Weissagung sprach einst davon, daß hier einmal ein Krieg zu Ende gehen werde. Und tatsächlich: 1945 kapitulierten hier deutsche U-Boote.

43, 44 Western Highlands
Viele Wanderwege erschließen die Einsamkeit der Berge in den Western Highlands.

45 Ardvreck Castle
Von Ardvreck Castle ist bloß eine dreistöckige Ruine übriggeblieben. 1490 erbaut, war die Burg 1650 der Zufluchtsort des Marquis of Montrose nach der Niederlage seiner Truppen bei Bonar Bridge. Umsonst: In dieser abgeschiedenen Gegend wurde der Flüchtige gestellt und in Edinburgh dem Scharfrichter übergeben.

46 Loch Assynt
Hier siedelten die ersten Schotten vor nicht weniger als 11.000 Jahren: Loch Assynt.

47, 48 Western Ross
Im 19. Jahrhundert wurde jeder vertrieben, der hier siedelte. Statt der Menschen kamen die Schafe. Nur hie und da legen verwitterte Ruinen in Western Ross ein Zeugnis früherer Zivilisation ab.

49 Cul Mor
In der Gegend um den Cul Mor haben Gletscher einst ganze Arbeit geleistet.

50 Ullapool
Für Schottlandreisende ist Ullapool ein idealer Ausgangspunkt: Yachthafen und Anlegestelle für die Fähre, außerdem bietet der reizvolle Fischerort zahlreiche Möglichkeiten für Ausflüge ins Hinterland.

51, 52 Loch Broom
Schöne Ausblicke gewähren die spärlich besiedelten Küsten von Loch Broom und Little Loch Broom. Für Genießer gibt es seit neuestem einen Stand mit lecker zubereiteten Muschelgerichten.

53 – 56 Inverewe Garden
Ein Garten für jede Jahreszeit: subtropische Pracht auf der geographischen Breite von Sibirien. Rund 2500 Pflanzenarten wachsen hier, in den Inverewe Gardens, einem der prächtigsten Naturschauspiele, die Schottland zu bieten hat. Verantwortlich für die üppige Pracht ist einerseits der Golfstrom, andererseits der 1922 verstorbene Osgood Mackenzie, der sich aus einem Landstück mit einer einzigen Zwergweide sein botanisches Lebenswerk schuf.

57 Eilean Donan Castle
Dort, wo die drei Meeresbuchten Loch Duich, Loch Long und Loch Alsh zusammentreffen, liegt Eilean Donan Castle. Englische Kriegsschiffe legten die Burg 1719 in Schutt und Asche, weil sich dort spanische Söldner während des jakobitischen Aufstandes zurückgezogen hatten. Erst 200 Jahre später wurde die Festung wieder neu aufgebaut.

58, 59 Loch Alsh und Dornie
Loch Alsh: Hier geht die Straße zu den Hebriden entlang, „The Road to the Isles"; Endpunkt ist Kyle of Lochalsh, der Fährhafen nach Skye.

60 Kyle of Lochalsh
Kyle of Lochalsh – ein Bild mit Symbolcharakter: Zum Zeitpunkt der Aufnahme zeigt es Gegenwart – die Fähre – und Zukunft – die damals im Bau befindliche, heute bereits fertiggestellte Brücke.

61 Skye
48 Meilen lang ist Skye, die zweitgrößte Hebrideninsel. Über die Hälfte der Einwohner, die auf der „Nebelinsel" leben, sprechen Gälisch – ein kulturelles Erbe, das wieder stark gepflegt wird.

62 Loch Leathan and the Storr
Am Fuße des 719 m hohen Berges Storr steht der 50 m hohe schwarze Basaltmonolith „Old Man of Storr", umringt von kleineren Steinsäulen. Ein prähistorischer Steinkreis? Man weiß es nicht.

63, 65, 66 Staffin Bay, Elishader und Loch Mealt
Die grandiose Natur und das weiche Abendlicht ergeben unweigerlich romantische Eindrücke, die mit der Realität der Armut und der harten Arbeit nicht übereinstimmen.

64 Sound of Raasay
Vom „Kilt Rock", einem steilen Basaltfelsen, geht der Blick über den Sound of Raasay zur gleichnamigen Insel und weiter bis zum Festland.

67 Duntulum Castle Hotel
Neben dem alten Familiensitz (heute Ruine) der Mac Donalds liegt das kleine Hotel mit Blick auf die Äußeren Hebriden.

68, 69 Uig, Uig Bay
Täglich – bis auf sonntags – fährt ein Schiff der Caledonian Mac Brayne von Uig nach Tarbert (Harris) und Lochmaddy (North Uist).

70 Überfahrt von Skye nach Mallaig

71, 72 Cullin Hills
Die schwarzen Basaltfelsen der Cullin Hills stammen aus dem Tertiär und sind rund 70 Millionen Jahre alt. Sie zählen zu den berühmtesten Bergsteigerrevieren Europas. Im 19. Jahrhundert waren die Cullins ein Magnet für viele Maler. William Turner besuchte sie 1831 und malte am Loch Coruisk.

73 – 76 Hafen Mallaig, Hafenansichten
Mallaig mit seinen 1000 Einwohnern ist heute ein lebhafter Fischereihafen, in dem man sogar Boote von der Ostküste antreffen kann. Durch die Fährverbindung nach Skye wurde der Ort zu einem Touristenzentrum.

77 Glenfinnan
Am Nordufer des Loch Shiel steht das Glenfinnan Monument. Es erinnert daran, daß hier im Jahre 1745 Bonnie Prinz Charlie seine Anhänger um sich scharte, um die Krone für die Stuarts zurückzugewinnen. Der Feldzug, der hier begann, endete mit der Niederlage bei Culloden.

78 Glen Coe
Östlich von Ballachulish beginnt das Tal von Glencoe, ein grandioser Engpaß durch die einsame Bergwelt. Hier ereignete sich 1692 das grausamste Massaker der schottischen Geschichte.
Nach Vertreibung des Stuartkönigs James VII. wurde Wilhelm von Oranien zum englischen und schottischen König gekrönt. William III. gab den Befehl, daß ihm alle Clanchiefs bis zum Neujahrstag 1692 einen Treueeid zu leisten hätten. Die Chiefs hatten von „ihrem König" aus dem französischen Exil die Erlaubnis zu diesem Schwur erhalten. So kamen auch alle diesem Befehl nach. Nur Maclan Mac Donald, der Chief eines kleinen Zweigs der Mac Donalds, leistete aus Schlamperei und auf Grund der äußerst schlechten Winterwitterung erst verspätet den Eid. Dies nahm König William III. zum Anlaß, seine Härte zu demonstrieren. Er entsandte ein Regiment nach Glencoe. Die Soldaten wurden freundlich empfangen und einige Tage bewirtet. Am 12. Februar 1692 erhielten die Soldaten den Befehl, alle Mac Donalds unter 70 zu

ermorden. In der Nacht begann das Gemetzel, und wer den Soldaten entkommen konnte, wurde ein Opfer des Schneesturms.

79 – 82 Hill House
1902 entwarf Charles Rennie Mackintosh ein Haus für den Verleger Walter Blackie. Der große Bau wirkt funktional, und durch seine asymmetrische Fensteranordnung sowie durch Erker und Kamine erhält die Fassade ihren Reiz. Auch das Innere des Hauses weist die Handschrift des Architekten auf. Mackintosh entwarf alles – vom Schrankschlüssel bis zum Tapetenmuster, eine Harmonie aus Schwarz, Weiß, Rosa und Violett.

83 Clan Chief
Die Raubvogelfeder an der Mütze und der schwere Ring weisen den Träger als ranghohes Clanmitglied aus.

84, 85 Piper Meeting
Im Sommer finden an verschiedenen Orten sogenannte „Piper Meetings" statt. Die Aufnahmen stammen von einem Meeting im Park des Floors Castle bei Kelso.

86 Straßenmusikanten
In den Straßen Edinburghs herrscht immer reger Betrieb. Straßenmusikanten beleben die Szene, und Touristen hören an allen Ecken die schnarrenden Töne eines Dudelsacks.

87, 88 Whisky Shop
Whisky, gälisch „Uisgebeatha", das „Lebenswasser", wird erstmals 1494 urkundlich in Schottland erwähnt. Nicht nur, daß es ca. 2000 Whiskymarken gibt, die von verschiedenen Distilleries abgefüllt werden: Es mischen auch sogenannte Whisky-Connaisseure auf dem Markt mit, das sind in der Regel Kleinunternehmer, die das fertige Produkt aufkaufen und abfüllen. Einer der bekanntesten Connaisseure ist die Firma Cadenhead.

89, 90 Arbeitslose
Das soziale Problem der Arbeitslosigkeit ist in Schottland überall spürbar. Auch das Alkoholproblem ist nicht wegzuleugnen.

91 Bank of Scotland
Die Bank of Scotland ist in ganz Schottland allgegenwärtig. Das Bild zeigt das Wappen der Bank an der Fassade der Zentrale in Edinburgh.

92 Bank of Scotland
Filialen gibt es auch in den entlegensten Ecken des Landes, so wie hier auf Harris.

93 Südküste

94 Glenkiln
Sir William Keswick galt als ein Liebhaber des Schönen. Der Kaufmann aus Essex hat seinen schottischen Landsitz zu einem Ziel von Skulpturenfreaks gemacht. In dem hügeligen Gelände zwischen Farn und Schafen stehen unter anderem Skulpturen von Rodin, Epstein, Renoir und Henry Moore. „Bildhauerei ist eine Kunst, die ins Freie gehört." Dieser Ausspruch stammt von Henry Moore – und so thront seine Skulptur „König und Königin" auf einem kleinen Hügel über dem Glenkiln Reservoir. Leider wurde die Skulptur Mitte März 1995 von Unbekannten geköpft.

95, 96 Westküste
Die schottische Westküste wird von den vielen atlantischen Tiefs beeinflußt. Der stetige Wind prägt auch die Landschaft – die Bäume sind verkrüppelt und geneigt.

97 Crossraguel Abbey
1244 gründete Duncan, Earl of Carrik, Crossraguel Abbey. Noch im 13. Jahrhundert wurde sie zerstört und erst im 15. Jahrhundert wiederaufgebaut, und zwar mit hohem Wehrturm, um sich in diesen unruhigen Zeiten einigermaßen verteidigen zu können. Robert III. verlieh den Äbten der Cluniazenser große Macht. Das Kloster verfügte über ein eigenes Münzrecht, hatte das Fischereirecht inne und betrieb Brauereien und Mühlen.

98 – 100 Culzean Castle
Ende des 18. Jahrhunderts ließ sich der 10. Earl of Cassilis einen alten, am Firth of Clyde gelegenen Turm (1342) zu einem Schloß ausbauen. Robert Adams, einer der vier Architektensöhne des weithin bekannten Baumeisters William Adams, gestaltete den originalen Turm um und ergänzte ihn durch zwei Seitenflügel im neugotischen Stil. Man betritt den Terrassengarten durch einen nachgebauten Ruinenbogen. Im Inneren des Gebäudes herrschen helle Pastellfarben und Stuckarbeiten vor. Das ovale Treppenhaus wird von einer Kuppel abgeschlossen.

101, 102 Brodick Castle
Der ehemalige Landsitz der Herzöge von Hamilton liegt in einem der schönsten Gärten Schottlands. Der Bau stammt aus dem 13. Jahrhundert und

wurde im 16. Jahrhundert um den heutigen Haupttrakt erweitert. Der viktorianische Westflügel stammt aus der ersten Hälfte des 19. Jahrhunderts. Heute wird der Landsitz vom National Trust verwaltet, und man kann Gemälde von Gainsborough, Rowlandson, Turner, Watteau, Pollard und Reineagle besichtigen.

103 – 105 Sheepdog competition
Wie an vielen anderen Orten auch, gibt es auf Arran Wettkämpfe im Schaftreiben. Der Wettstreit wird sowohl von den Hunden als auch von den Hirten, die die Hunde durch Pfeifsignale leiten, mit viel Engagement bestritten.

106 Postkasten
Dieser originelle und heute noch in Betrieb befindliche Postkasten steht an der B 880, die von Brodick nach Blackwaterfoot führt.

107 Loch Buie
Eines der schönsten Gebiete auf Mull liegt am Loch Buie. Dieser Landstrich an der Südküste der Insel bleibt von jeglicher Hektik unberührt – auf den Dienst der Post muß man aber nicht verzichten.

108 Küstendetail
Einzelne Küstenteile ergeben durch roten Stein und grüne Algen äußerst farbenfrohe Impressionen.

109 Westküste Arrans
Die Westküste Arrans ist abwechslungsreich – flache, steinige Strände wechseln mit Steilküsten ab.

110 Blick von Kintyre auf Arran
Von Lochranza aus erreicht man mit der Fähre Kintyre. Die Schiffe verkehren nur im Sommer und benötigen für die Strecke nach Claonaig eine halbe Stunde.

111 Skipness Castle
An der Ostküste von Kintyre, am Skipness Point, liegen die Ruine von Skipness Castle und die Überreste einer dem heiligen Brendan geweihten Kirche. Auf dem sie umgebenden Friedhof kann man skulptierte Grabsteine sehen. Zumeist stammen sie aus dem frühen Mittelalter und zeigen immer eine ausgestreckte Gestalt eines Ritters in voller Rüstung. Um diese Grabsteine vor der rauhen Witterung zu schützen, wurden über sie Holzkisten gestülpt, deren Deckel man öffnen kann.

112 Port Ellen
Port Ellen ist die Hauptstadt der Insel Islay. Islay ist die südlichste, grünste und fruchtbarste Insel der Inneren Hebriden.

113 Strand von Kintra
Trotz eines kleinen Campingplatzes ist die weite Bucht von Kintra, dem südlichsten Teil der Laggan Bay, eine Oase der Ruhe.

114 Distillery Lagavulin
Die Distillery Lagavulin liegt ebenfalls an der Südküste der Insel. Der klassische Single Malt gilt als einer der besten Whiskys überhaupt.

115 Bowmore Distillery
Bowmore Distillery ist eine von acht Brennereien auf Islay. Sie besteht seit 1770 und verwendet alte Sherryfässer zur Lagerung des Whiskys.

116 Brennblasen

117 Distillery Ardbeg
Die Brennerei liegt an der Südküste von Islay und besteht seit dem Jahre 1774.

118 Hochkreuz Kilchoman
Das schöne keltische Kreuz von Kilchoman an der Westküste zeigt eine Gruppe mit dem Gekreuzigten. In den kurzen Seitenarmen sieht man Engel mit bemerkenswerten Flügeln.

119 Innere Hebriden
Zwischen den einzelnen Inselgruppen steigt abends Nebel auf.

120 Tarbert
Von dem kleinen Fischerort am Loch Fyne fährt eine Fähre zur Insel Jura.

121 Sound of Kerrera
Auf dem Festland führt eine kleine Straße am Sound of Kerrera entlang zu einem großen Campingplatz, der sich in der Hauptsaison vor Besuchern kaum retten kann.

122 Oban
Oban ist eine kleine, aber sehr lebhafte Stadt und der zentrale Hafen für Fahrten zu den Hebriden. Blickfang ist auf einem Hügel der runde Mc Caig's Tower, eine Nachbildung des römischen Kolosseums. John Steward Mc Caig,

ein einheimischer Bankier, ließ das Bauwerk 1897 errichten, um die Arbeitslosigkeit in der Stadt zu lindern.

123 Überfahrt zur Isle of Mull
Von Oban aus erreicht man in einer Stunde die Insel Mull, ein karges und wildes Stück Natur.

124 Glen More
Typisches Durchzugsgebiet für Touristen, die sich auf dem Weg zur Insel Iona befinden: Glen More.

125 Loch Squabain
Für Menschen, die die Einsamkeit lieben, ein geradezu paradiesischer Fleck.

126 Singletrack nach Tobermory
Auch diese Hauptverkehrsader der Insel ist mit Vorsicht zu genießen, denn eine Begegnung mit einem LKW samt Anhänger kann zu kleineren Adrenalinstößen führen.

127 Westküste der Insel Mull
„Nacht und Wind"? Bei dem Blick westwärts fällt einem unwillkürlich die Ballade vom Erlkönig ein, obwohl die Aufnahme zur Mittagszeit entstanden ist.

128 Tobermory
Tobermory ist der Hauptort von Mull und in erster Linie Segelhafen. Die farbenfrohen Häuser am Wasser stammen größtenteils aus dem 18. Jahrhundert. Die Fensterumrandungen sind säuberlich abgesetzt.

129 Fischer in Fionnphort
Vom kleinen Hafen Fionnphort aus kann man mit einer Fähre die Insel Iona erreichen. Von hier laufen auch die Fischerboote aus.

130 Castlebay und Kiessimul Castle
Castlebay ist die Hauptstadt der südlichsten Insel der Äußeren Hebriden, Barra. Kiessimul Castle (es gibt die verschiedensten Schreibweisen) liegt mitten im Hafen und ist ein Wohnturm mit Ringmauer. Der Bau geht auf eine vorgeschichtliche Steinbefestigung zurück. Insel und Burg kamen durch Schenkung von Robert the Bruce an den Clan der Mac Neils. Ende des 18. Jahrhunderts vernichtete ein Feuer das Gebäude, im 19. Jahrhundert wurde es verkauft. Erst 1937 erwarb es wiederum der 45. Clanchief der Mac Neils, ein amerikanischer Architekt, und begann mit der Restaurierung.

131, 132 Ostküste
Barra ist fast baumlos, die Landschaft wirkt trotz schöner Strände und Buchten kahl.

133 Tràigh Mhór
Barra hat die einzige Landepiste der Welt, die täglich zweimal überflutet wird. Bevor das Flugzeug landet, fährt die „Flughafen"-Feuerwehr aus, um die Festigkeit des Sandes zu überprüfen. Bei Ebbe kommt aber nicht nur das Flugzeug, sondern auch der eine oder andere Muschelsucher mit seinem Rechen.

134, 135 Sound of Fuday
Für Autos gibt es keinen Platz auf der Fähre nach Süd Uist. Selbst wenn ein Fahrrad an Bord ist, müssen alle enger zusammenrücken.

136, 137 Island Gathering
Bei dem Barra Island Gathering gibt es alle möglichen Wettkämpfe; z. B. „Schaf scheren", „Bierfaß stemmen", „Tau ziehen", „Gewichte-Hochwurf" und „Wrestling".

138, 139 Wasserpflanzen

140 – 143 Süd Uist – Nord Uist
Die Äußeren Hebriden, auch Western Islands genannt, erstrecken sich über 200 km von Barra im Süden bis Lewis im Norden. Auf Süd Uist sind Raketen der britischen Armee stationiert. Sowohl auf Süd- als auch auf Nord Uist wird die Landschaft von verwirrend verwinkelten Lochs bestimmt, ein Paradies für Angler und Wasservögel. Die Einwohner leben mühselig vom Fischfang, etwas Landwirtschaft und dem Sammeln von Seetang.

144 Golden Sands
Im Spiel der Sonnenstrahlen beginnt der Sand an der Nordwestküste von Harris goldgelb zu leuchten.

145 Loch Finsbay
Häuser in verregneter und stürmischer Abgeschiedenheit, das ist gleichsam die Norm im Landschaftsbild von Harris.

146 Kirche von Rodel
Die kleine, dem heiligen Clement geweihte Kirche, wurde im 15. Jahrhundert erbaut und im 19. Jahrhundert restauriert. In einer Nische kann man das

Grab des siebenten Clanchiefs der Mac Leods sehen. In der Gestaltung wiederholt sich das altbekannte Motiv vom geharnischten Ritter.

147 Friedhofsmauer (Detail)
Auf dem Friedhof von Rodel haben eine Reihe von Matrosen ihre letzte Ruhe gefunden, deren Schiff im Ersten Weltkrieg versenkt wurde. Wie auch anderswo, hat auch hier die Natur begonnen, verlorengegangenes Terrain Schritt für Schritt zurückzuerobern.

148, 149 Sound of Taransay
Wer am Sound of Taransay die Stille des Abends genießen möchte, sollte den Strandvögeln nach Tunlichkeit nicht zu nahe kommen – wenn man nicht am eigenen Leib spüren will, was „kollektive Verteidigung der Brutplätze" bedeutet.

150, 151 Scadabay
Dieser Teil von Harris ist baumlos und von vielen kleinen Lochs gegliedert.

152 Scadabay Harmony Villa
Die Tafel weist uns den Weg zur Weberfamilie Flora Ann und Allister Mac Leod. Harris-Tweed wird hier nach alter Tradition hergestellt. Dieser wind- und wasserabhaltende Stoff ist mit einem patentierten Qualitätssiegel ausgezeichnet – einer Erdkugel mit Malteserkreuz.

153 Handwebstuhl
Auf dem Hattersley-Webstuhl erfolgt eben eine farbliche Musterabstimmung. Die Mac Leods greifen dabei in den Malkasten der Natur. Gelb geht auf den Rhabarber zurück, der in den meisten Hausgärten gezogen wird. Dunkle Grüntöne stammen von den verschiedensten Moosen, und die Violettöne verdankt man der Wasserkresse, die an den Bachläufen zu finden ist.

154 Eastern Loch Tarbert
An der Landenge von Eastern und Western Loch Tarbert liegt der Naturhafen von Tarbert. Die Fähren von Skye (2 Stunden) oder Lochmaddy (2½ Stunden) kommen durch den East Loch Tarbert.

155 Hushinish Bay
Von Tarbert aus führt eine schmale Straße durch wilde und einsame Berge nach Hushinish. Im Gegensatz zu Hushinish, einem heute verlassenen Dorf, findet man an der Strecke noch bewohnte Gehöfte.

156, 157 Callanish Stones
Auf der Halbinsel von East Loch Roag liegt der Steinkreis der „Standing Stones of Callanish". Diese prähistorische Kultstätte ist in der Form eines keltischen Kreuzes angelegt und besteht aus 47 steinernen Monolithen aus Lewis Gneis. Ob diese Anlage als Tempel und Opferstätte diente oder ob sie mit Hilfe der Sterne zu kalendarischen Berechnungen herangezogen wurde, ist bis heute unklar. Die Einheimischen nennen diese Versammlung von Monolithen „Na Fir Breige" – „die falschen Männer". Wenn man sich abends oder bei Schlechtwetter nähert, wirken sie wie eine unheimliche Schar übers Moor ziehender Männer.

158 Carloway Broch
Dun Carloway Broch, die gut erhaltene Ruine eines piktischen, runden Wehrturms, steht in dominierender Lage über dem Meer. Die doppelte Trockensteinmauer ist auf einer Seite zehn Meter hoch.

159 Butt of Lewis
Der Lewis Gneis bildet auch die spektakulären Klippen des Butt of Lewis an der Nordspitze der Insel. Diese Felsformation ist ca. 1500 Millionen Jahre alt.

160 Stornoway
Stornoway ist die Hauptstadt von Lewis und das Verwaltungszentrum der Äußeren Hebriden. Hier leben 5500 Menschen. Im Schloß von Stornoway ist heute eine technische Schule untergebracht.

161 Eastern Loch Tarbert

162, 163 Hoy Sound und Point of Oxan
Durch den Sound of Hoy, vorbei am Point of Oxan, führt die Route der Fähre von Scrabster nach Stromness.

164 Yesnaby
Im Westen von Mainland, der Hauptinsel der Orkney-Inseln, liegt die Steilküste von Yesnaby. Hier, mit Blick auf den wilden Atlantik, entdeckt man noch Überreste von Befestigungsanlagen des Krieges.

165 – 167 Skara Brae
Der Ausgrabungsort des steinzeitlichen Dorfes Skara Brae liegt am südlichen Ende der Bay of Skeil. Das aus acht Gebäuden bestehende Dorf war von 3100 bis 2600 v. Chr. bewohnt und wurde Opfer einer überraschenden Naturkatastrophe. Ein Sandsturm begrub den Ort vor ca. 4000 Jahren. Erst 1850 wurde das steinzeitliche Dorf wiederentdeckt, als es ein Sturm wieder

freilegte. Bis zu diesem Zeitpunkt hatte niemand Bauwerke unter den Sandhügeln vermutet. Als die Häuser freigelegt wurden, konnte man aufgrund der Funde die Lebensweise der Steinzeitmenschen rekonstruieren.

168 Loch of Harrey
Am Loch of Harrey kann man Boote mieten, um in dem reichen Forellengrund zu angeln.

169 Ring of Brodgar
Der Ring of Brodgar wurde zwischen 2500 und 2000 v. Chr. errichtet. Der nahezu perfekt ausgeführte Steinkreis hat einen Durchmesser von ca. 105 m. Ursprünglich hatten 60 Sandstein-Menhire den Kreis in genau gleiche Segmente geteilt. Heute stehen noch 27 Menhire aufrecht. Ein 10 m breiter Graben wurde rund um den Steinkreis geschlagen. Tempel, Opferstätte oder Kalender? Alle Aussagen über die Verwendung des frühgeschichtlichen Bauwerkes sind Vermutungen und Hypothesen.

170, 171 St. Magnus Cathedral
Die Bautätigkeit an der 75 m langen Kathedrale nahm 350 Jahre in Anspruch. 1137 wurde mit dem Bau begonnen. Der Norweger Jarl Rognvald weihte den Bau seinem Onkel Graf Magnus, der von seinem Vetter Hakon ermordet wurde. Die ganz aus gelbem und rotem Sandstein erbaute Kirche überstand erstaunlicherweise die Reformation. Auch die Truppen Cromwells haben dem Bau keinen Schaden zugefügt.

172 Earl Patrick's Palace
Der berüchtigte Tyrann Earl Patrick ließ den Palast in siebenjähriger Bauzeit von seinen Untertanen erbauen.

173 Italienische Kapelle
Die 200 Quadratkilometer große Bucht von Scapa Flow war Stützpunkt der britischen Flotte und galt mit ihrem Sperrgürtel aus Schiffen und Minen als absolut sicher. Diese Hoffnungen erwiesen sich allerdings als trügerisch. Für eine böse Überraschung sorgte das deutsche U-Boot U47, welches in der Nacht zum 14. Oktober 1939 die Hochflut ausnutzte, um in die Bucht einzudringen. Mit sechs Torpedos wurde das Schlachtschiff „Royal Oak“ versenkt. Um die Bucht abzusichern, wurde die Einfahrt mit Dämmen aus 66.000 Betonblöcken befestigt. Italiener, die beim Afrikafeldzug in Gefangenschaft gerieten, haben diese Blöcke gegossen. Die Insassen des Camp 60 baten um Erlaubnis, aus Wellblech, Zement, Schrott und viel Farbe eine Kapelle bauen zu dürfen.

174 Blick auf die Bucht von Scapa Flow
Nichts auf dem Bild läßt die Tragödien erahnen, welche hier stattgefunden haben. Nach der Kapitulation der deutschen Flotte Ende des Ersten Weltkrieges wurden die 74 Schiffe in die Bucht von Scapa Flow eskortiert. Am 21. Juni 1919 versenkte sich die Flotte selbst, als durchsickerte, daß sie den Briten als Kriegsbeute zufallen würde.

175 Point of Oxan

176 Stromness um 1.45 Uhr morgens
Stromness zeigt mit seinen alten, grauen Häusern und seinen engen, kopfsteingepflasterten Straßen auch heute noch ein Stadtbild wie im 17. Jahrhundert. Die Stadt war ein wichtiger Hafen der großen Handels-, Entdecker- und Walfangschiffe. Manch junger Orkneyfischer heuerte hier an. Auch so berühmte Schiffe wie die „Bounty“ oder die „Discovery“ des Captain Cook lagen hier vor Anker.

Fototechnische Daten

Sämtliche Aufnahmen entstanden mit NIKON F3-Gehäusen mit den dazugehörigen Nikkor-Objektiven mit den Brennweiten 24–40 mm, 50 mm, 70–200 mm und 300 mm. Als Filmmaterial wurde fast ausschließlich KODAK Ektachrome professional 50 ASA, 100 und 200 ASA verwendet.

Die Bilder 2, 7, 28, 35, 37, 57, 58, 64, 65, 66, 92, 98, 110, 112, 119, 121, 125, 130, 135, 141, 147, 148, 149, 154, 165, 166, 167 wurden von Barbara Neydharth aufgenommen. Der National Trust of Scotland stellte die Bilder 80, 81 und 82 zur Verfügung.

1

2

3

4

5

→ 6

9

10

13

14

← 15
→ 16

← 17

→ 18

19

20

← 21
→ 22

BF300.
Primula
MACDUFF

← 23
→ 24

← 25
→ 26

← 29

32

← 31

← 35

→ 36

← 37
→ 38

40

← 39

← 41
→ 42

43

44

46

← 45

47

48

← 49
→ 50

← 51
→ 52

54

←
53

55

←
57
→
58

CALORGAS

← 59

→ 60

61

62

← 63
→ 64

← 65

→ 66

DUNTULM
CASTLE
HOTEL

67

► 68

◄ 69

→ 70

71 

MALLAIG
FISH SALESMEN
MALLAIG
FISH SALESMEN
MALLAIG
FISH SALESMEN
MALLAIG
WALKER&SONS(FR)
MALLIAG
FISH SALESMEN
G.WALKER & SONS LTD
MALLAIG
MALLAIG
GEORGE WALKER & SONS (FR)
FISH SALESMEN

NS 179
APOLLO
ATLANTA

290
TWA' GORDONS
ST ANDREWS
OB

FIVE SISTERS
MALLAIG

78

←
77

79

82

86

← 85

CADENHEAD'S WHISKY SHOP
170
172
CADENHEAD'S
WHISKY SHOP
Tel: 031-556 5864
Authentic, Traditional, Natural, Single Cask
SCOTCH MALT WHISKIES
172

87

Wm CADENHEAD
WHISKY & RUM MERCHANT
ABERDEEN
CADENHEAD'S
CASK

90

← 89

TANTO UBERIOR
BANK OF SCOTLAND

BANK OF SCOTLAND

93

94

← 95

→ 96

97

← 99
→ 10

← 10
→ 10

103

104

105

POST OFFICE

Post
Office
LOCHBUIE
POST OFFICE

← 108
→ 109

110
111

← 12

→ 13

← 114
→ 115

MORRISON'S
BOWMORE
DISTILLERY
CAR
PARK
FOR VISITORS →

ESTABLISHED 1815
Ardbeg
DISTILLERY LIMITED
LICENSED DISTILLERS
H

→ 119

← 120
→ 121

THE
OBAN DISTILLERY
SALE
SALE
SALE
OBAN WOOLLEN COMPANY
MARIO'S FAST FOOD
DING SOCIETY
Railway Pier
Campbeltown
A85 (A816)
GIVE WAY

← 122
→ 123

← 124

→ 125

→ 127

FAMILY BUTCHER
RESTAURANT
BROWNS

28

29

131

←
130

← 132
→ 133

← 134

→ 135

← 136
→ 137

501
THE ORIGINAL

139

← 140

→ 141

← 142
→ 143

← 144
→ 145

147

← 148
→ 149

← 150
→ 151

FOR SALE
HARRIS TWEED
KNITWEAR etc.
MRS FLORA ANN. MACLEOD
HARMONY VILLA
SCADABAY
ROAD END.

KEIGHLEY

← 154
→ 155

← 156

← 160

→ 161

165

← 164

← 166
→ 167

171

← 170

173

←
172

← 174
→ 175